- Die **Motivation** beinhaltet 10 Übungen und Spiele, die die Lust am Lernen wecken und die sinnliche Wahrnehmung fördern. Sie stellen körperliche, kognitive, soziale, emotionale und kreative Herausforderungen dar.
- Bei der **Konzentration** fördern die 10 Übungen Reaktion und Aktion, schnelle kreative Umsetzungen, Gedächtnis, Sprache und Fantasie. Auch das Nach-Innenfinden, Nachdenken, Sich-Sammeln und Kraftschöpfen wird gefordert.
- Die 10 Übungen und Spiele zur **Kreativität** beleben alle Sinne der Kinder. Gemeinsam entwickeln sie kreative Ideen und Lösungen.

Bedeutung der Symbole

Um die Kinder für die Übungen zu motivieren und ihnen einen spielerischen Zugang zu ermöglichen wurden fünf Tiere und eine dazugehörige Farbe ausgewählt, die die jeweilige Kategorie repräsentieren:

- Das **lila Faultier** symbolisiert die **Entspannung**. Dieses Tier ist ein unglaublicher Lebenskünstler, denn es frisst dicke, giftige Blätter, die seinen Organismus und seine Verdauung verlangsamen. Es hängt bis zu sechs Tagen regungslos in seinem Baum.
- Das **Miteinander** symbolisiert der **blaue Affe**. Diese Tiere leben im Familienverband. Sie beschaffen

miteinander Nahrung und teilen diese, sie lieben es, zu kommunizieren, sie helfen sich gegenseitig, umsorgen und beschützen sich.

- Der **rote Adler** symbolisiert die **Motivation**. Dieses Tier hebt sich durch kräftige Flügelschläge hoch in den Himmel, kreist oben kraftvoll und ausdauernd und hat sein Ziel von dort aus im Auge.
- Der **blaugrüne Wolf symbolisiert die Konzentration**. Er lebt im Rudel und akzeptiert dort klare Rangordnungen und Aufgabenverteilung. Hoch konzentriert lauert, wittert, beobachtet er, deutet Gefahr, sucht Wege, fällt Entscheidungen und führt an.
- Die **Kreativität** symbolisiert der **gelbe Schmetterling**. Er durchlebt eine extreme Verwandlung in der Metamorphose. Es existieren viele tausend Arten von Schmetterlingen; sie zeugen von kreativer Vielfalt und wunderschöner Verschiedenheit.

Aufbau der Karten

Die Karten sind wie folgt aufgebaut:

- Auf der **Vorderseite** der Karte befinden sich das Symboltier und ein Impuls mit Reim, Satz, Fragen oder Erklärungen. Diese motivieren zum Einstieg.
- Auf der **Rückseite** stehen Name der Übung, Sozialform, Durchführung, evtl. ein Tipp oder eine Variation.

Mit den Karten spielen

Im schulischen Alltag entstehen immer wieder Situationen, in denen scheinbar nichts mehr geht. Die Erfahrung zeigt, dass ein Wechsel in der Methodik angesagt ist. Oft genügt nur ein kleines »Wir machen jetzt mal was ganz anderes«, um die Aufmerksamkeit wieder herzustellen. Dieses »Andere« steht auf den Karten. Grundsätzlich ist jede Karte so gestaltet, dass ohne Aufwand und Vorbereitung losgelegt werden kann. Sie ziehen die Karte einfach aus dem Kartenstapel, lesen sie vor und führen sie durch.

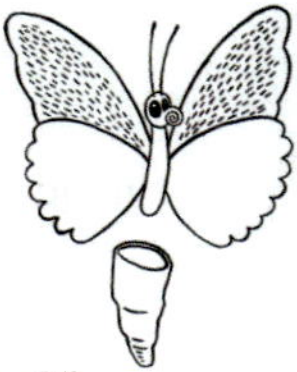

Vorderseite: Wie fange ich an?

Mit den Symbolen kreativ arbeiten

Die Tier-Symbole sprechen die Kinder an. Nutzen Sie den Aufforderungscharakter der Symbole zum ersten Bekanntmachen und zum täglichen Einstieg mit den Karten. Erfinden Sie dafür mit den Kindern Codes für die jeweiligen Tiere. Diese Codes wirken wie körperliche und mentale Warm-Ups:

- Akustische Signale für die Symboltiere einsetzen: Faultier = schnarchen oder laut ausatmen, Affe = »U-U-U«-Laute oder »Trommel«-Laute, Adler = »Ahh«-Rufe oder »Sch-Sch-Sch«-Flügelrauschen,

Wolf =-»Uhh«-Heulen oder »Wu-Wu-Wu«-Bellen; Schmetterling = zirpen oder summen. Sie zeigen die Kategoriekarte, mit der Sie arbeiten werden. Die Klasse antwortet mit dem jeweiligen akustischen Signal und/oder geht in die Körperhaltung des Tieres.

- Gesten und Bewegungen, die das Tier symbolisieren: Faultier-Hängen, Affe-Lustige-Geste, Adler-Augen oder -Schwingen, Wolf-Wittern, Schmetterling-Flattern. Variieren Sie die Gesten im Stehen, Sitzen, Liegen, alleine, zu zweit, in der Gruppe. Sie geben das akustische Signal und die Kinder ergänzen mit der Körperhaltung des Tieres.
- Sie führen die fünf akustischen Signale und/oder die Gesten und Bewegungen in einer Folge hintereinander durch.

Mit den Reimen, Worten und Lauten des Impulses spielen

Die Reime, Worte oder Laute der Impulse machen Spaß und stimmen auf die Übung ein. Die Artikulation von Lauten und Buchstaben trainiert Stimmbänder, Zunge, Gaumen, Sprechwerkzeug und den Körper als Resonanz-Raum. Insgesamt lockern die Übungen auf, Sie können z. B.:

- den Text Zeile für Zeile vorlesen. Die Klasse wiederholt die Zeile.

- Die Kinder den Text auswendig lernen lassen, indem diese Zeile für Zeile wiederholen.
- Den Text gemeinsam im Chor deutlich sprechen üben, z. B. so langsam wie ein Faultier, zart-leise wie ein Schmetterling, kräftig-streng wie ein Adler, unheimlich wie ein Wolf, lustig wie ein Affe. Oder Sie üben mit einem Finger (Stift, Radiergummi, Korken) zwischen den Zähnen.
- gemeinsam mit Mimik, Gestik oder Körpersprache die jeweiligen Zeilen illustrieren.
- Den Reim mit einem bekannten Kinderlied vertonen, z. B. alle meine Entchen.
- die Tierlaute stimmlich einfärben, z. B. leiser werden, lauter werden.

Rückseite: Wie mache ich weiter?

Einteilung in die Sozialform

Die Übungen sind für die ganze Klasse angelegt. Die Sozialform kennzeichnet Einzel-, Partner-, Gruppenübung. In der Einzelübung ist das Kind auf sich gerichtet, die Partnerübung erfolgt zu zweit und die Gruppenübung ist ab drei bis zehn Kindern praktikabel. Manchmal tut es den Kindern gut, Sympathiegruppen zu bilden. Durch eine spielerische Gruppenaufteilung ermöglichen Sie andere Begegnungen.

Durchführung der Übung:
Wie wird's gemacht?

Einsatz

Für die ersten Erfahrungen mit den Karten wählen Sie die Übungen nach Bedarf aus und orientieren sich dabei an Kategorie und Thema. In der Regel machen Sie die Übung gemeinsam mit den Kindern und somit vor. Wichtig ist die Ernsthaftigkeit der eigenen Haltung, da diese von den Kindern gespiegelt wird. Sie können die Übung auch so einsetzen, dass einzelne Kinder eine Karte erhalten und alleine für sich üben.

Die Übungen sind für Kinder von Klasse eins bis vier gedacht. Teilweise sind die Übungen aus der Kategorie Konzentration anspruchsvoller und funktionieren vielleicht erst ab der zweiten Klasse. Probieren Sie aus, wie die verschiedenen Kategorien auf Ihre Klasse wirken. Die Übungen entfalten sich besonders gut bei einer häufigen Praxis.

Die Übungen teilen sich in zwei Formen auf. Zum einen sind es Übungen, mit denen Sie die Kinder in eine bestimmte Stimmung und Haltung versetzen. Sie führen sie mit direkter Ansprache zur Entspannung, Beruhigung, Zentrierung, Selbstwahrnehmung. Zum anderen sind die Übungen Spielen gleichgesetzt. Diese sind Schritt für Schritt erklärt.

Ansagen – Tempo und Tonfall

Die Ansagen der Übungen in direkter Rede – mit Anführungszeichen versehen – erfolgen langsam, mit kleinen Pausen zwischen den Worten und größeren Pausen zwischen den Sätzen. Diese Pausen lassen Zeit für das bewusste Einatmen und Ausatmen. Artikulieren Sie die einzelnen Worte deutlich und achten Sie auf die Endungen. Es kann Ihnen ruhig übertrieben deutlich und langsam vorkommen. Ihre Tonlage ist entspannt und bewusst tiefer gehalten.

Anfang und Ende einer Übung

Um einen klaren Anfang und ein eindeutiges Ende zu setzen, lassen Sie zu Beginn und Ende ein Instrument wie Klangschale, Glöckchen, Triangel tönen. Dann geben Sie ein verbales Signal wie »Wir beginnen« und »Wir enden«.

Dauer der Übung

Die meisten Übungen sind für jeweils 5, 10 oder 20 Minuten entwickelt. Die Zeitdauer hängt von der Klassengröße, den Wiederholungen und den Variationen ab.

Rituale

Führen Sie die Übungen immer wieder durch, sie eignen sich als Ritual z. B vor Tests, Klassenarbeiten oder aufregenden Situationen. Auch Morgen-, Wochen-,

Montags-, Abschieds- oder Pausenrituale sind möglich.

Atmosphäre

- Es ist gut, wenn die Übungen in einem ruhigen, vertrauten Miteinander stattfinden.
- Die Kinder sollten wissen und spüren, dass es von Ihrer Seite nicht um Leistung und Bewertung geht.
- Vermitteln Sie den Kindern: Druck, Konkurrenz und Ausgrenzung sind nicht erlaubt. Es geht nicht um höher, besser, schneller, sondern darum, achtsam und langsam zu sein, bewusst zu spüren, zu fühlen und zu ruhen.
- Viele Einzelübungen können mit der Zeit mit geschlossenen Augen durchgeführt werden. Das Augenschließen ist aber freiwillig.
- Loben Sie die Kinder, z. B. für ihre Spielfreude, für ihren schönen Kreis, für das ruhige Sitzen. Bedanken Sie sich für die Aufmerksamkeit, Ruhe, Stille und das Vertrauen der Kinder.

Raum

Die Übungen sind für den Klassenraum konzipiert. Gelegentlich benötigen Sie Platz für einen Steh- oder Sitzkreis auf Stühlen/am Boden. Falls es an Raum oder Zeit mangelt, können die Übungen aber auch an den Tischen ausgeführt werden.

Variation

Die Variation baut auf der Übung auf und ist etwas anspruchsvoller, komplexer oder sorgt für Abwechslung.

Tipp

Im Tipp finden Sie noch einmal Infos zur Übung, die Ihnen den Einsatz mit den Karten erleichtern sollen.

Übersicht der Übungen

Die folgende Übersicht ist als Beispiel für einen sinnvollen Einsatz der Karten gedacht. Natürlich können Sie die Karten jederzeit anders einsetzen und neue Erfahrungen machen.

Die fünf Kategorien dienen fünf unterschiedlichen Bereichen mit unterschiedlicher Wirkung. Teilweise können Sie die Kategorie mit dem Einsatz gleichsetzen. Eine Ausnahme gilt bei den Konzentrationskarten: Hier müssen sich alle Kinder aufeinander und auf den Inhalt konzentrieren, deshalb sollten sie eher nicht vor einer Klassenarbeit eingesetzt werden, sondern für ein konzentriertes Miteinander.

Darüber hinaus eignen sich einzelne Karten besonders für den Einsatz in bestimmten Situationen, z. B.:

- Falls Sie einfach eine Pause füllen möchten, weil Sie

früher mit Ihrem Unterrichtsstoff fertig sind als gedacht, passen alle Kategorien.

- Falls die Klasse müde, erschöpft ist oder eine schlechte Stimmung vorherrscht, würde ich die Entspannungskarten vorschlagen.
- Falls Sie gleich absolute Ruhe und Konzentration brauchen, passen die Entspannungs- und Motivationskarten.
- Falls Sie eine Vertretungsstunde haben, passen alle Karten.

Allerdings gilt: Jede Situation ist anders und manchmal hilft auch eine Herausforderung, wie sie auf den Konzentrationskarten stehen.

Bereich	Übung	Einsatz
Entspannung		
1	Lieblingsbaum	vor und nach Klassenarbeiten
2	Faultier sein	vor und nach Klassenarbeiten
3	Lauschen wie eine Katze	vor und nach Klassenarbeiten
4	Pferdeflüstern	vor und nach Klassenarbeiten
5	Muskelmaus und Muskelkater	vor und nach Klassenarbeiten
6	Energieball	vor und nach Klassenarbeiten
7	Regungslose Eidechsen	vor und nach Klassenarbeiten
8	Giraffenhals	vor und nach Klassenarbeiten

Bereich	Übung	Einsatz
9	Schneckenkreisen	vor und nach Klassenarbeiten
10	Gorillatrommeln	vor und nach Klassenarbeiten
Kreativität		
11	Luftmalerei	vor und nach Klassenarbeiten
12	Puzzle	Müdigkeit
13	Ich ein Baum	Pausenfüller
14	Glücksgriffe	vor und nach Klassenarbeiten
15	Metamorphose	Anspannung
16	Lücken füllen	Pausenfüller
17	Klangteppich	Müdigkeit
18	Gecko	vor und nach Klassenarbeiten
19	Körperspiel	jederzeit
20	Das was Freude bringt	vor und nach Klassenarbeiten
Miteinander		
21	Achtsam führen	nach Konflikten
22	Domino	Anspannung
23	Blumen Miteinander	nach Konflikten
24	Löwenherz	vor und nach Klassenarbeiten
25	Kuscheltiere	Pausenfüller
26	Rücken drücken	Müdigkeit
27	Affenhopsen	nach Konflikten
28	Kneten	Erschöpfung/Müdigkeit
29	Glücksbringer	nach Konflikten
30	Gefühlebus	nach Konflikten
Motivation		
31	Muh, Miau, Wuff	vor und nach Klassenarbeiten